全脑开发第一课

The First Lesson

语言表达第一课

[日] 梅田悟司　著
冉露芸　译

北京日报出版社

图书在版编目（CIP）数据

语言表达第一课 /（日）梅田悟司著 ；冉露芸译
. -- 北京 ：北京日报出版社，2021.12
ISBN 978-7-5477-4093-4

Ⅰ. ①语… Ⅱ. ①梅… ②冉… Ⅲ. ①儿童故事－图画故事－日本－现代 Ⅳ. ① I313.85

中国版本图书馆 CIP 数据核字 (2021) 第 191948 号

北京版权保护中心外国图书合同登记号：01－2021－6197

语言表达第一课

出版发行：北京日报出版社
地　　址：北京市东城区东单三条 8－16 号东方广场东配楼四层
邮　　编：100005
电　　话：发行部：（010）65255876
总编室：（010）65252135
印　　刷：北京世纪恒宇印刷有限公司
经　　销：各地新华书店
版　　次：2021 年 12 月第 1 版
2021 年 12 月第 1 次印刷
开　　本：889 毫米 ×1194 毫米　1/16
印　　张：7.25
字　　数：100 千字
定　　价：38.00 元

前 言

我有一个烦恼。

我的这个烦恼就是，自己想要说什么的时候，却总是没办法好好表达出来。

比如说，我想跟妈妈说说今天发生的事情，但总是说不清。有时候，我被别人惹恼了想要说话反击，但大脑突然一片空白，最后甚至着急得快要哭出来。

在学校里也是这样。老师上课提问时，我觉得："啊，我明白了！"于是立刻举手想要回答问题。但是，当我真的被老师点名的时候，明明知道答案，也自认为在同学们的面前能说清楚，但最后我竟连一句话都说不出来。即便艰难地开口了，也常常说到一半就不知道自己在说什么。

跟朋友交谈的时候也是这样。我想说出自己的想法，但总是表达不清，别人也听不懂，甚至有时候还会被人嘲笑。别人都能流畅地表达自己，为什么我就不行呢？

我真的很不喜欢这样的自己，有时候也会对自己不满："为什么连说话这种事我都做不好？"

"原来如此。我非常理解你的心情。"

突然，从背后传来一个声音。我吓了一跳，转身一看，眼前出现了一只蓝色的小鸟。

"你是谁？"

但这只小蓝鸟没有回答我。

"你为什么说理解我的心情呢，我明明没跟任何人说过？"

听我这么说，它微笑着开口了。

"嘻嘻嘻，我一看到像你这样不能很好地表达自己想法的孩子呀，就忍不住想要帮忙。"

然后，它挥舞着翅膀飞了起来，轻轻落在我的肩膀上。小蓝鸟开始介绍起自己。

“很抱歉，我可能吓到你了。我的名字叫‘语言鸟’。”

“语言鸟？”

“对，就是教人如何说话的小精灵。”

“啊，教人说话的小鸟，所以叫语言鸟呀。”

“没错！你要是真的想改变自己的话，不如跟我聊聊吧。我们一起来思考一下，说话是怎么一回事儿。”

我想了一下：不知道这是哪里来的语言鸟，跟它聊聊就能帮我解决烦恼吗？哪有这么简单？

“原来如此，你会这么想，我也非常理解。”

“啊，等一下。我明明什么都没说，难道你能听到我在想什么吗？”

“我才不会读心术呢。”

语言鸟飞到跟我视线一般高的树枝上，看着我的眼睛，非常自信地继续说着。

“我看到的不是你的内心，而是你身体里的语言。”

“我身体里的语言？”

我完全听不懂语言鸟在说什么。不是内心，而是语言？还在我身体里？

“是的哦。你现在脑子里想的每件事情，其实都是语言。也就是说，在你的身体里，有一个我。”

“在我的身体里，有一只语言鸟？”

“是的，你的身体里有很多语言，就是在你把它们说出来之前的语言。”

“被说出来之前的语言？”

不知不觉中，我竟跟语言鸟聊了起来。

在我的身体里也有语言，还是在被说出来之前的语言。

虽然它说的话我似懂非懂，但不知道为什么，我很想跟这个第一次见面的语言鸟继续聊下去，还有一点点期待。说不定，它真的能教会我一些解决烦恼的小窍门。

登场人物

我

很难把自己的想法表达出来的小男孩。对于自己不擅表达而感到非常困扰。做事很认真，但没什么自信。

语言鸟

突然出现的一只小蓝鸟。因为能教人说话，所以叫“语言鸟”。有着像对话框一样的体形。它看到我这样不擅长表达的孩子，就忍不住想要帮忙。

目 录

第一章 语言有两种类型

第二章 培养想法，形成语言

第三章

深思出来的语言是你强大的朋友

第一章

语言有两种类型

1

“语言表达很重要”是真的吗？

“语言鸟，请快把语言表达的方法教给我吧。”

我看着语言鸟的眼睛，说道。

要是，我真的能流利地表达……

能够把自己的心情完全地说出来……

那我就不会难过，不会失落，也不会让自己这么焦虑了吧？

“嗯嗯，别着急，在这之前，我先强调一个重要前提。”

“什么重要前提？”

“重要前提就是，其实也没有必要让语言变得流畅。”

明明说好要教我怎么表达，怎么又突然说没有必要呢？我开始觉得有点烦躁了。

好吧，我明白了，其实语言鸟也不知道什么好方法。它无法回答我，所以只好找借口吧。

“什么呀，语言鸟你也不知道怎么才能流利地表达吧。”

听到我这么说，语言鸟用非常温柔的语气跟我说道：

“那好，不如让我来问你个问题吧。”

“嗯，好吧……”

“要是你能流畅表达，你想做什么？”

“我想……比如，跟朋友聊天的时候可以很快说出自己的想法；在课堂上就算被老师点到名，也能立刻回答上来；今天发生的事也能清楚地讲给爸爸妈妈听。你看，这不全是好事吗？”

“这些当然是好事。但是对你来说，真正困扰的其实不是语言本身。”

“才不是呢！我非常想要把语言好好地说出来！”

“你这种心情我真的很理解。但是，真正需要磨炼的其实不是语言，而是清楚地知道自己的心情。”

“不是语言，而是心情？”

“没错！你想用语言来表达的其实是你的心情，对吧？”

“好像确实是这样……”

我回忆起了以前的事情，仔细思考了一下。

这么一说，我确实觉得，有时候说着说着就不清楚自己到底在想什么了，才造成了表达不清楚的状况。

我常常说到一半就觉得脑子里一团乱麻，不清楚自己到底在说什么；抑或是之前确实想说什么，但突然脑子里一片空白，什么都说不出来了。

对呀！这个时候，问题就不是出在语言表达上，而是在自己的心情上。毕竟，语言表达出来的就是自己的心情呀。

"对，你终于注意到了这至关重要的一点！"

"等一下！拜托你，别再这样偷偷读我的心事了。"

"刚刚不是说过了吗，我没有读心术的超能力。我读的是在你身体里的语言。"

"这个你刚刚说过了。但是，我身体里的语言到底是什么？"

"嗯，那我就来告诉你最重要的第一点。其实，语言有两种不同的类型。"

"语言有两种类型？"

"对！一种是'向外语言'，另一种是'向内语言'。"

"'向内语言'？我从来没听说过，连老师都没提过。"

“是啊，学校里可不会教你这些。但是，你的身体里确实存在‘向内语言’。我们需要重视的不只是向外表达的语言，还有这个‘向内语言’哦。”

“嗯，这样呀……”

语言鸟还在自信满满地说着。看它的样子我开始寻思：它说的话应该是真的吧？我可以相信它吧？

“那接下来，我仔细跟你普及一下‘向内语言’和‘向外语言’这两种语言吧。”

“可是，我还什么都没懂呢。”

“没关系，不用觉得担心或不安，慢慢去理解就好了。”

语言有两种类型

2

平时我们用的是“向外语言”

“首先，我们来说说看‘向外语言’。这种对外表达的语言会好懂一些。”

“向外语言到底是什么？”

“别这么着急。首先，你现在说出来的话就是向外语言。”

“我说出来的话？”

“对，你对我说话，对你来说，其实就是由内向外的表达。”

“那你对我说的话也是向外语言吗？”

“是的，非常正确。在‘向外语言’中也有几种表达方式，你能想到有哪些吗？”

“自己由内向外表达的话……写出来？算吗？”

“你好棒呀！写，确实是自己由内而外地表达。”

“那在网上查资料、给朋友发信息，这些也都是向外语言吗？”

“没错！打出来的字也是由内而外的表达。”

“但是，那算是语言吗？”

“说的话、写的字、发出的信息，这些都是语言。它们是语言的一部分，这是非常重要的一点。”

我本来以为，语言鸟说的“向外语言”指的只是说话本身。

说出来的话，不一定能准确表达内心；手写点什么，也会因头脑混乱而写到一半就写不下去了；打字发短信时，不知道怎么写才好，于是一遍一遍地删除、修改，花费大量时间。我之前一直以为所谓的“语言”不外乎如此。

“那我们稍微思考一下，向外语言有些什么作用呢？”

“就是表达自己的心情吧，向周围的朋友、老师、爸妈，也就是自己以外的人表达。”

“嗯嗯，这都知道呀！”

“当然知道了。”

“这可不是件简单的事儿。说到这里，你有没有意识到，语言是表达自己心

情的工具，对吧？”

“嗯，算是吧……”

“向外语言是传达自己心情的工具。但本质上，它只是工具而已。即使这样，你也觉得语言很重要，是吗？”

我一直觉得语言非常重要，也一直想要流畅地使用语言。要是不能流畅表达的话，任何人都没办法听懂我在说什么。

但是，正如语言鸟说的一样，比起向外语言，我隐隐开始感觉到还有更重要的东西。

对，那就是自己的心情。

“刚刚我说，语言不那么重要。但其实是‘向外语言并不那么重要’的意思。本来一开始，你觉得向外语言指的就是语言的全部，对吗？”

“是的，我以为向外语言就是语言的全部。”

“那么，我们来说说另一种语言吧。”

“是叫‘向内语言’，对吗？”

“对，向内语言。向外语言是平时我们说出来、写下来的那些语言，应该很好理解。但是向内语言是我们无意识间使用的语言，理解起来会有一点难。”

“无意识地使用？”

“对呀，凭感觉使用的。换一种说法，就是因为我们把它当作理所应当的东西，所以才没怎么意识到。”

“我也在用向内语言吗？”

“嗯，你也在用哦。因为我能感觉到的，就是你的向内语言。”

我在无意识间使用的向内语言到底是什么？

我的身体里真的有向内语言存在吗？

即便我仍有许多疑问，但我好像开始慢慢理解了，向外语言其实没有那么重要。

不知不觉中，我已经迫不及待想要继续向语言鸟提问了。

3

在你的身体里有“向内语言”

“那么，我们就继续讲讲另外一种语言——‘向内语言’。这个向内语言就是你身体里的语言。”

“我身体里有语言？这件事我还不太明白。”

“现在可能还不懂。那我再问你一个问题吧。当你感受到什么或者在思考什么的时候，你是什么样的？”

“我好像没做什么，感觉到了就感觉到了，思考也就是脑子这样想一想而已……”

“原来如此。那么，接下来我们一起来思考一下，怎么‘思考’？”

“思考怎么‘思考’？”

“对！其中隐藏着向内语言的线索哦。”

思考怎么“思考”。

我从来没有思考过这个问题。

因为只有在必要的时候，我才会想要用脑子思考一下。就算是被爸妈说“你好好思考一下”的时候，也只是“嗯……”地想一下而已。

"'嗯……'地想一下吗？"

"喂，你差不多该停下来，别再偷听我的想法了吧！"

"我再说一次，我没有偷听你的想法，是你身体里的向内语言被我听到了而已。现在你正在一边用自己心里的语言，一边思考如何'思考'这件事情吧？"

"一边用语言，一边思考？嗯……我好像不太懂你的意思。"

"那么我们来做一个实验，让你能感受到'啊，这就是向内语言'吧！"

"实验？"

"对，做实验哦！是不是有点儿期待呢？"

"一点点吧。"

"那你看看这张照片。"

"看，你想到了什么？"

“是小猫呀。好可爱！”

“这就是向内语言哦！‘是小猫呀。好可爱！’这句话是你发自内心说出来的。”

“好像确实是这样。”

“人们往往把心里浮现的心情，停止在‘想到了’‘感觉到了’的时刻。”

“停止？”

“对！本来我们身体里的语言就是自然而然地产生的。从‘想到了’‘感受到了’这种想法到‘向内语言’迈进，这一点是很重要的。来，看下一张照片。”

摄影：聂艳彦

“哇，看上去好好吃呀，想尝尝！”

“‘看上去好好吃’‘想尝尝’，这次是产生了这样的向内语言吧？”

“嗯嗯，我感觉到了。”

“对，就是这样！我们再往‘想到了’‘感受到了’的下一步去思考看看。”

“嗯嗯，我好像开始有点期待了。”

“好，那接下来我们试一下，把看下面这张照片时产生的向内语言写下来。不用真的写下来，只说出来也可以。”

看到照片后，产生了什么向内语言？试着写写看！

插图：王超

看到图片后，产生了什么向内语言？试着写写看！

看到照片后，产生了什么向内语言？试着写写看！

插图：王超

看到图片后，产生了什么向内语言？试着写写看！

看到照片后，产生了什么向内语言？试着写写看！

看到照片后，产生了什么向内语言？试着写写看！

"已经很棒了！现在你写下来的、说出来的这些内容，都是你产生的向内语言。"

"这么说，好像我的身体里确实是存在向内语言的。我以前完全没有意识到。"

"你能否意识到向内语言的存在，这是非常重要的哦。现在你意识到了，就是向前迈了一大步呢。"

"嗯？是真的吗？"

"当然了！在'想到了''感受到了'之后，还能意识到向内语言的存在，这特别重要。"

"那……我可以问个问题吗？"

"当然。"

"像你刚刚说的，在我们思考、感受的时候，产生的是向内语言。那之前我们一边看着照片，一边把向内语言写下来或者说出来，就变成了向外语言，这是怎么回事呢？"

"哇，你意识到了一个非常重要的问题哦！确实像你说的一样，向内语言和向外语言是相通的。"

"相通的？"

"对，这两种语言在你的身体里是相通的。"

啊，向内语
言出现了！

4

两种语言的相互作用

“首先，我们先来复习一下。语言有哪两种类型呢？”

“向内语言和向外语言。”

“正确。向外语言指的是，我们平时说话、写东西的时候用的语言，对吧？”

“嗯，就是自己向外表达的时候产生的。”

“那向内语言是什么时候产生的呢？”

“思考、感受、想问题的时候吧。”

“对！能够在思考、感受、想问题的时候意识到向内语言的存在，这就很棒！”

“然后，向内语言与向外语言是相互关联的，是吧？”

“是的。我们使用的语言不过是传达思想或感受的工具而已。也就是说，生成向内语言之后，再向外输出，这是一个自然的过程。”

“要是心里没什么想说的话，那实际也什么都说不出来吧？”

我这么说了以后，语言鸟露出一副很开心的表情看着我。然后，它眼神放光地开口说道：

"你注意到了一件非常重要的事！很久很久以前，有一位叫柏拉图的哲学家，他也跟你说过一样的话——

贤者，是因为有该说的话才开口。

愚者，是因为不能停止说话而开口。

这跟你刚刚说的话，其实是一样的。"

"柏拉图？没听过。"

"他是古希腊最伟大的哲学家之一，他可是个善于思考的天才。"

"嗯，但这是很久以前的人说的话吧？"

"是呀。但是，你刚才用自己的头脑跟柏拉图思考了同样的问题，这是非常厉害的。给自己多点儿信心吧。"

"别这么说，我会不好意思的。"

"你都能有这么深入的思考了，那对于语言中最重要的事也应该知道了吧？"

"嗯，最重要的是向内语言，因为那是我心里最真实的想法。"

"好，那我们回到一开始的话题。一开始，我们一起思考了'语言真的重要吗'，对吧？"

"嗯，你当时说，语言并没有那么重要。"

"嗯，我是那么说的。但你现在已经知道了语言可以分为两种类型，所以……"

“啊，我明白了！你当时的意思是说，向外语言没有那么重要，真正重要的是向内语言！”

“完全正确！”

语言鸟突然兴奋地张开翅膀飞了起来，一边在空中盘旋，一边嘴里不停地重复道：“完全正确！完全正确！完全正确！”

“最重要的是向内语言。它就是你的真实想法。你在对别人说什么、给别人写什么之前，向内语言是没有形式的语言。你自己就意识到了这件事情，我真是太开心了！”

“谢谢。我也觉得自己好像意识到了一件很厉害的事呢。”

"关于向内语言和向外语言，我们用料理来打个比方吧。"

"料理？"

"向内语言像是做料理的材料，向外语言像是被做好的料理。那我问你，想要做出好吃的料理，你会怎么做？"

"去学一下做料理的方法吧……"

"但是，在这之前你也有需要完成的事吧？"

"嗯……对了，我可以准备一下做料理的材料。"

"对！如果你有非常好的食材，就算不放什么调料，也能做出美味的料理。相反，如果做菜的材料都不好的话……"

"啊，对！就算放了再多、再浓的调料，做出来的料理也不会好吃。"

我又意识到了！如果我有好的向内语言，就可以自然而然地向外表达出非常棒的语言。

"一旦有好的食材，只要稍微加工一下就会变成美味的料理，否则就需要加入很浓的调料，或者用漂亮的外表来掩饰味道的欠缺。语言其实也是这样。"

5

一起来培养“向内语言”吧！

“那你知道接下来你需要做什么吗？”

“意识到向内语言，再向外输出就可以了吗？”

“当然，这样做也行。但是，为了让向外语言变得更有力量，我们需要先学会培养向内语言。”

“培养？”

“对，培养。现在你身体里的向内语言鸟可能还比较小、比较瘦弱，或者说还不成熟。”

“我身体里的语言鸟还是刚生下来的鸟宝宝，是这个意思吗？”

“是的哦。那我们一起来想象一下——刚刚出生的向内语言鸟在向外表达的时候，会怎么样？”

我闭上眼睛，开始思考，想象自己身体里有一只语言鸟的样子：我身体里的语言鸟还是一只刚出生的鸟宝宝。那么，它应该没有强壮的翅膀，也飞不了很远。也就是说，飞不到对方那儿去。

“啊，我明白了！”

语言鸟看着我的眼睛微微一笑。它正在读取我内心的语言，能看透我的心情和想法。

“在我们还没有培养好向内语言之前，向外语言当然也没有力量。向外语言可能无法把自己的心情准确地传达给对方，语言鸟也可能飞到一半就飞不动了。”

“我不想这样。”

“你能够意识到自己的向内语言之后，再增加它的数量和种类，就可以培养向内语言了。”

“也就是说，在我心里养一只语言鸟，把一只瘦弱的小鸟养成一只强壮的大鸟，是吗？”

“就是这样！但养得太胖也可能会飞不起来哦。”

我和语言鸟像朋友一样，看着彼此笑了起来。

“我希望能够在你身体里被培养得强壮起来，这样就可以飞向任何地方了。”

我虽然没有说话，但很坚定地点了点头。

“好期待呢。要是我身体里的语言鸟能够长成一只可以飞向天空的强壮大鸟

的话，那它就能跨越大海，飞向更远的地方。”

“要是飞出了中国的话，只会说汉语可不行。所以，除了汉语，最好再学一些其他国家的语言哦。”

“我们学校里也有英语课哦。”

“英语当然非常重要。要是会说更多种语言的话，就能跟更多的人说话、交流了。但是……”

“我明白，这些都只是向外语言，是吧？”

“是的！不管你会说多少个国家的语言，没有想表达的内容，这就毫无意义。那些我们想要表达的核心内容，才是向内语言。”

“那我有什么想表达的内容呢？”

“一定会有的。今天已经有点儿晚了，我们等到一周以后的同一时间，再来这里吧。到时我再把培养向内语言的方法好好跟你说一下。”

“嗯，好。谢谢你，语言鸟。”

环顾一下四周，天空已经被染上了淡淡的橙色。“啊，好漂亮……”

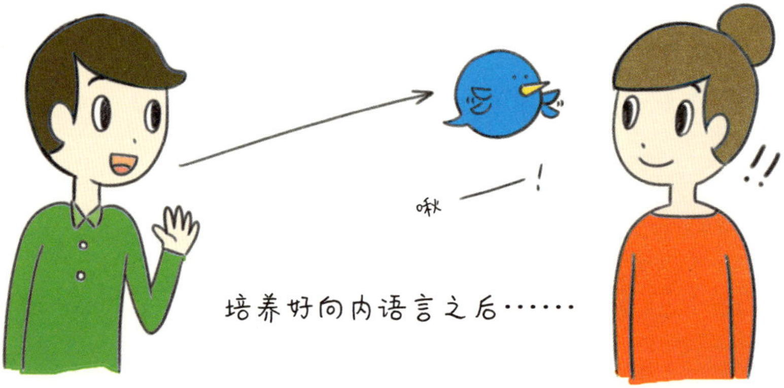

我立马就意识到了——在我的大脑里浮现出了“啊，好漂亮”这个向内语言。这是我之前从来没有意识到的。

在回家的途中、回到家以后、吃饭的时候，在我的大脑里，各种新的语言不断浮现：

“啊，虫子！”

“黄灯亮了，我得停下来。”

“今天好累呀。”

“晚餐是汉堡包，好开心！”

在洗澡的时候、睡觉之前，也一直都是这样。

“哇，好暖和！”

“今天不洗头也行吧。”

“该睡觉了。”

“今天应该能睡得很好呢！”

我觉得这非常不可思议。因为我从来没有意识到，在我身体里有这么丰富的语言。

语言鸟和它今天说的话有可能都是我做的梦。但是，我能意识到向内语言的存在了，这是千真万确的。下周，就让它好好教我怎么培养向内语言吧。这样我身体里的语言鸟也能够飞向更远的地方。

1

我们的语言可以分为“向外语言”和“向内语言”两种。

2

向外语言，就是我们平时说话和书写时
使用的语言。

3

向内语言，就是我们感受、思考的时候，
大脑里浮现的语言。

4

两种语言相互关联，在向外表达之前，培养向内语言
是非常重要的。

培养向内语言 ①

培养向内语言 ②

语言鸟的朋友们

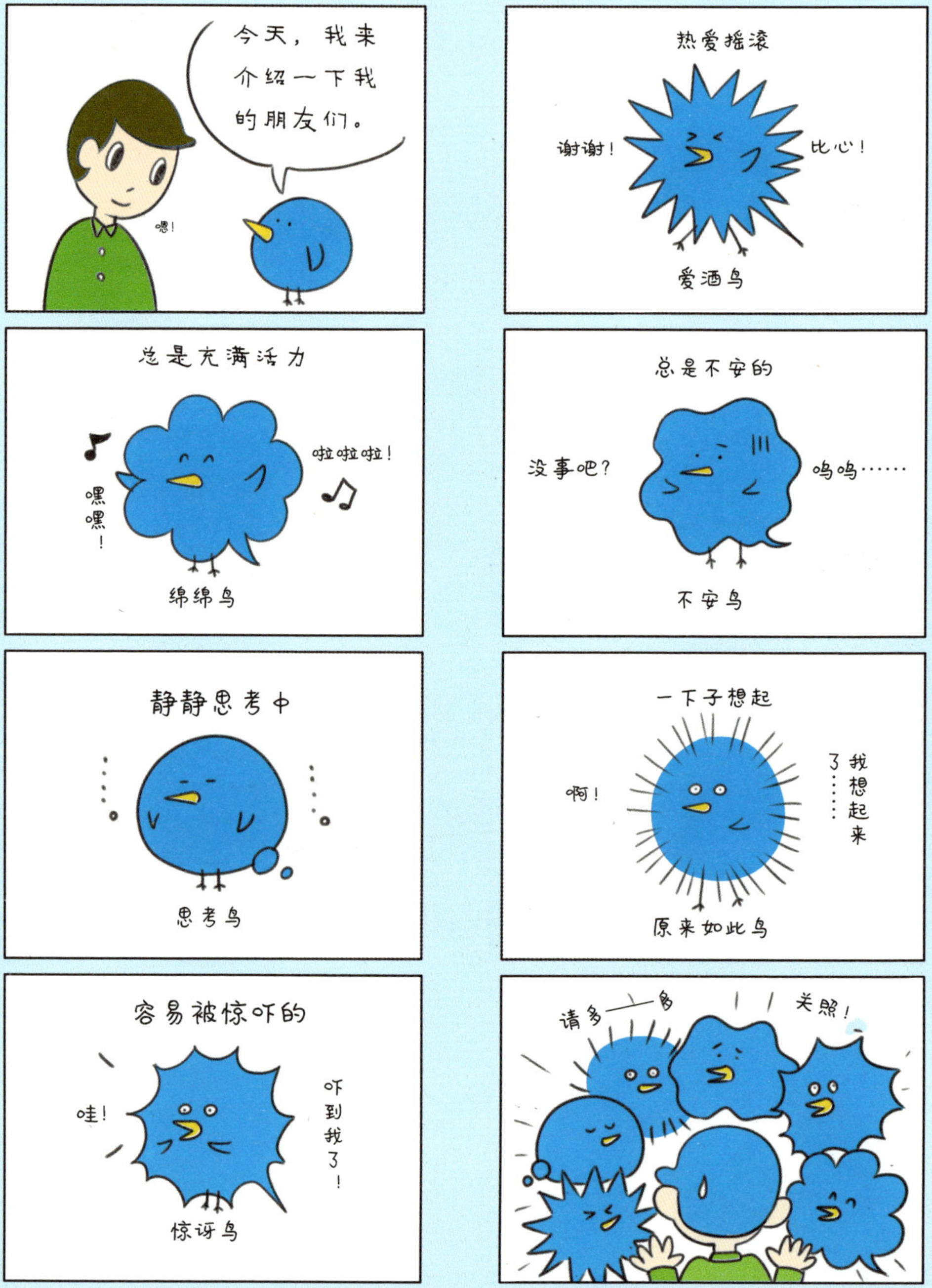

今天，我来介绍一下我的朋友们。
嗯！
热爱摇滚
谢谢！
比心！
爱酒鸟
总是充满活力
嘿嘿！
啦啦啦！
绵绵鸟
总是不安的
没事吧？
呜呜……
不安鸟
静静思考中
思考鸟
一下子想起
啊！
我想起来了……
原来如此鸟
容易被惊吓的
哇！
吓到我了！
惊讶鸟
请多——多
关照！

第二章

培养想法，形成语言

1

“形成语言”有三个步骤

很快，一周过去了，到了和语言鸟约定的日子。

我迫不及待地想要把上次见面之后在大脑里出现的东西全告诉它。

我不再像以前那样漫无目的地想事情或思考问题了，而是能够意识到“我又有了向内语言”。还有，我感觉自己比以前能更好地口头表达了，跟别人说话的时候也变得没那么不安，因为我只要想着，把向内语言再向外表达出来就好了。

我一边想着，不，我一边确认着自己头脑里的语言，一边走向约定的地方。

“嘿，你很准时哦。”

“嗯，那当然。我说话算话。”

“谢谢你还记得我们的约定。距离上次见面已经过去一周了，我上次说的话对你起作用了吗？”

“当然了，因为，因为……”

我稍微有点儿犹豫，没想到我刚刚一路上想的那些话还是说不出来。

明明我都意识到了向内语言的存在，也预想好一见到语言鸟就告诉它。可这会儿，我却不知道怎么开口，该从哪里说起。

啊，真是的……我怎么总是这样。

“你不用这么失落哦。”

“语言鸟你……”

“你一路上在脑子里想的那些事，我都知道了。”

“但我只是想想而已，又有什么意义？话如果不说出来，别人也不会明白我想了什么。”

“话虽这么说，但是，我明白的。我明白你的大脑里并不是什么都没想，你确实产生了很多向内语言。”

“听你这么说，我还是很开心的，谢谢。”

“那今天，我们就一起来学习，怎么把向内语言转变成向外语言吧。”

“嗯……”

“这是你现在最想学的东西了吧？”

“哼，你别用这个语气。”

“对不起，对不起。你是很想把内在的心情转换成向外语言说出来吧？”

“当然了。”

“好，那我们就开始吧。”

语言鸟一下子飞到树枝上，跟我说道：

“向内语言转换成向外语言，需要三个步骤。我依次来解释一下。”

“三个步骤？”

“对，我按顺序说。第一步，试着把向内语言写出来。”

“只写吗？”

“写出来就行。先试着把向内语言表现出来。向内语言虽然在大脑里，但有时候也会不小心忘记，对吧？”

“我刚刚就是这样。”

“因为大脑里有太多的向内语言，脑子也会变得拥堵。这就是今天你的样子。”

“哎呀，你别再说我了。”

“第二步，以写出来的向内语言为中心，试着去拓展、深入。”

“拓展、深入？”

“就是问自己‘然后呢’‘真的吗’‘为什么’，这样就会产生新的向内语言。”

“向自己提问吗？”

“是的。试着模仿一下跟别人说话的样子。我们一会儿试一下会比较好懂。”

“那第三步是什么？”

“第三步，试着把拓展后的语言变成向外语言。”

“最后才转换成向外语言吗？”

“是的哦。用之前的料理来打比方的话，第一步就像是买材料，第二步是备菜，第三步是做料理。”

买齐材料，备菜，最后做料理。

那我此前想跟语言鸟说些什么却说不出来，是漏掉了这里的哪一步呢？我思考着，想知道更具体的训练方法。

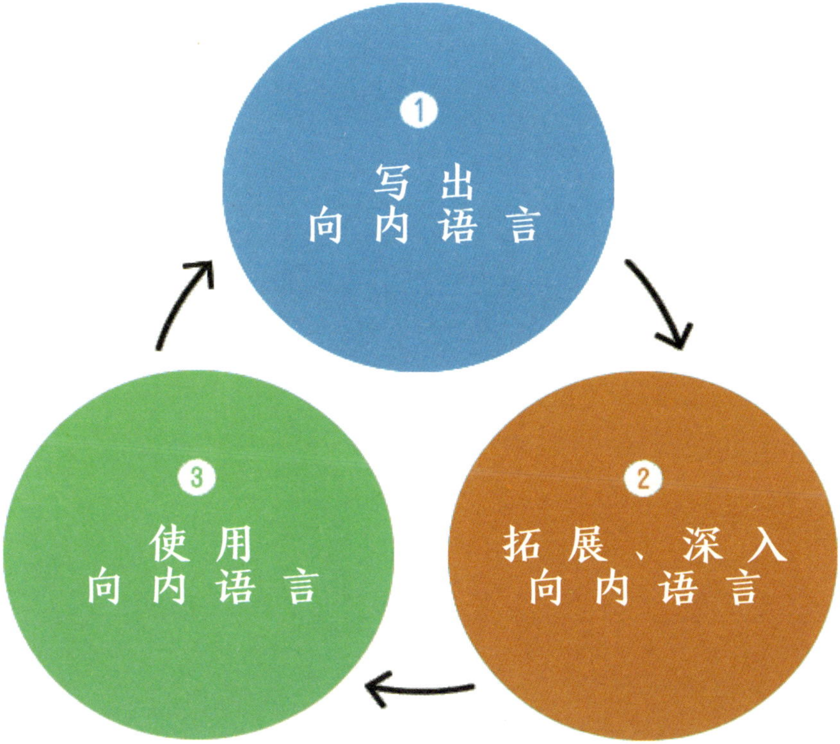

2

定主题，写出“向内语言”

“那我们先来说说第一个步骤——写出向内语言。”

“好，把大脑里产生的语言信息写出来，是吗？”

“这里最重要的是，为了什么而写。”

“为了什么？”

“就是写出向内语言的目的。你觉得这样做的目的是什么？”

“这样呀……”

我回想起了自己写东西时的情景：上课记笔记的时候，答题的时候，写作文的时候，或者做笔记以防忘记的时候。

对，是为了不忘记！为了不要忘记自己好不容易想到的东西，把自己感受到的、思考的内容写在笔记本或记事本上！

“我是为了不要忘记想好的东西。”

“为了提醒自己别忘记而写下来，这确实也是重要的目的之一。”

“那你的意思是说，还有别的目的吗？”

“写出来主要有三个目的。第一个就像你说的一样，为了提醒自己不要忘记，而把大脑里的东西搬运出来。”

“嗯嗯。”

“这样的话，大脑里就不用时时刻刻想着某件事情了。你一定有过这样的感觉吧，那就是一直想某件事的时候大脑容易变得乱糟糟的。”

“是的，我经常觉得脑子乱糟糟的。”

“所以呀，需要先把这件事搬运到外面去。这样的话，不但不会忘记，还不用为一直思考同一件事情而烦恼了。”

“原来如此。”

“第二个目的是，写出来之后，就可以为大脑空出一个新的思考空间。”

“思考空间？”

“对，让你有空去思考新的事情。我们的大脑就像一张桌子一样。如果桌面上的东西太多就会显得乱七八糟，也放不下任何其他东西了。同样的，我们的大脑也就没有思考其他问题的空间了。”

“我的大脑像桌面一样呀……”

“对呀，这个时候最重要的就是把你大脑里的‘桌子’收拾干净。”

“收拾我大脑里的‘桌子’？”

“这个收拾桌面的步骤，就是把散落的向内语言组合起来向外输出的方法了。”

“这样的话，感觉大脑里就会有新的思考空间了。”

“是的哦！”

我想象了一下大脑中的“桌子”。

就像语言鸟说的一样，我大脑中的“桌子”上散乱着很多东西。这样是没有办法冷静下来好好思考的。所以，我需要把它们从大脑里搬出去，好好清理这张“桌子”。

“第三个目的是，把写出来的语言整合在一起看，你就能明白了。”

“能明白什么？”

“不管你如何用力地思考一件事情，实际上是在分散地思考。”

“分散地思考？”

题目

题　目	

真的吗?

为什

然后呢?

么?

“对。我们试一试就能明白了，思考其实是一件非常困难的事情。所以，我们需要先把脑子里想到的事情一件一件地写出来，再重新进行整理，这是非常重要的。”

“是这样吗？”

“我们一起来试试看吧。”

“哎，现在吗？”

突然，我的面前“嘭”的一下，出现了纸和笔。

“首先，我们来定一下题目。不如，就以《我想说的事》这个题目来试试吧。”

“嗯！”

“好，那你先在纸上写出‘想对语言鸟说的话’吧。”

“这样就行吗？”

“然后，把大脑里浮现的向内语言一个个写出来就好。”

“嗯？怎么写？”

“你试着问问自己‘想对语言鸟说的话’是什么。然后，你的脑海中就自然会有答案了。”

“好的，向内语言会自己回答，是吧？”

“是的，把这些答案写下来就好。不一定要是完整的句子，用单词、词组也都可以。句子不完整也没关系，因为这也不是要给别人看的。”

“嗯，我明白了。”

我开始动笔了。

我把这一周在我身上发生的变化都一一写了下来。比如，当我了解我身体里有向内语言以后，大脑好像稍微变得清晰了一些；我好像开始觉得自己没那么不擅长说话了。但是，想说的时候还是不能流畅地表达出来，这让我觉得很气馁。

写完之后，我确实像语言鸟说的一样，大脑变得更清晰了。

“你做得很好。我们还可以练练其他题目，我们再一起练习吧。”

“我还可以练哪些题目？”

“什么题目都可以呀——《想对妈妈说的话》《想对朋友说的话》《将来想做的职业》《我想做的事情》《现在烦恼的事情》《觉得不安的事情》《我喜欢的人》，等等，都可以。”

“啊，我喜欢的任何题目都可以，是吗？”

“你在想什么，就写什么。当我们定了题目，就在最上方写下这个题目，再把大脑里浮现出的向内语言都写出来就好了。简单吧？”

“嗯，我们试试吧。”

题目	想对语言鸟说的话

我第一次知道了向内语言。

我吓了一跳！太不可思议了！

大脑开始变得清晰一点了。

我的身体里也有语言呢！

突然觉得好开心！

我不那么害怕说话了。

但我还不能说得很流畅。

刚刚也没说好，好生气！

明明我有很多想说的话！

有可能太急了，就说不出来了。

嗯。

我想要说得更流畅。

我想都说给语言鸟听。

3

用T字形思考法来拓展和深入

"已经都写上去了吧？"

"嗯，感觉能写的都写上了。"

"你再看一次自己写的东西，有什么感觉吗？"

"大脑有种很清晰、很顺畅的感觉。"

"然后呢？"

"我只能想到这么点向内语言，觉得有点儿失落呢。"

"一般人都会这么想的，但不用担心，因为你这里写出来的向内语言只是培养你思考方式的起点而已。"

"起点？"

"嗯。不管是谁，都会觉得：'只有这么点东西，真的可以吗？'但我们能从这里写的字词句出发，再进行拓展和深入的！"

"原来是这样呀。你也这样吗？"

"当然了。"

"那就太好了。那从这里开始，怎么去拓展呢？"

“用T字形思考法哦！”

“T字形……思考法？”

在我的脑海中浮现了大写字母T的形状——一条直直的横线和从中心向下延伸的竖线。T字形思考法，是要像字母T的形状一样去思考吗？想着想着，小鸟给了我回答。

“就像T这个字母的形状一样去思考。像这个图一样，正中心放一个向内语言，先向右，再向左，最后向下。”

“真的是T的形状呢。”

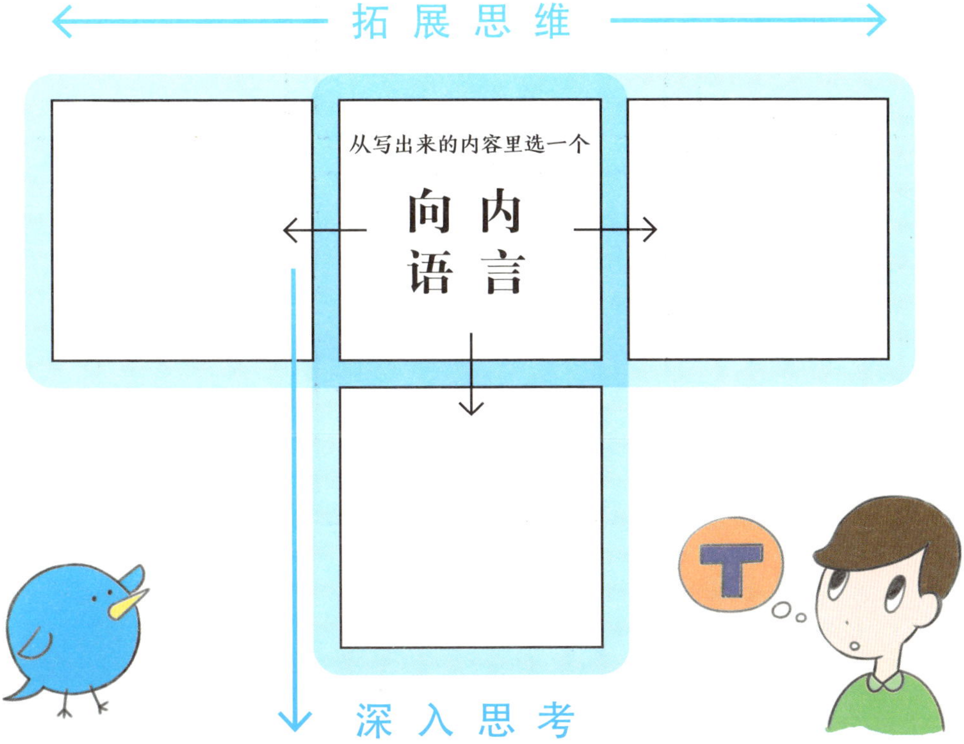

题　目	想对语言鸟说的话

真的吗？

选择一个向内语言

我的身体里也有语言！

然后呢？

- 好开心。
- 觉得很不可思议。
- 想告诉其他人。
- 大脑更清晰了。
- 各种时刻都会出现语言。
- 稍微觉得有点儿奇怪。

为什么？

接着，
发生了什么？

“首先，从你一开始写的向内语言中，选一个你认为最重要的出来。然后，把这个词或句子写在T字形表格的中心。”

“那这个词就是起点了吧？”

“对。”

我把我写的东西从头到尾又看了一遍。其中，有些词让我觉得“我怎么会写这个”“这个给别人看见了，该多不好意思呀”。但是，在这之中，有一个是我觉得还不错的，那就是：“我的身体里也有语言！”

“好，我写好了哦。”

“好，那准备工作完毕。我们就来运用T字形思考法吧，好吗？”

“嗯！”

“首先，用右边的‘然后呢？’向自己提问。这样一定会出现很多新的向内语言。”

“然后呢？”

“然后呢，怎么样？然后呢，你想做什么？类似这样思考。”

“这样呀……”

于是，我在右边的“然后呢？”的空白处写上几个词和句子。

“嗯，很好！向自己提问就会产生向内语言，再把它们写出来。请记住这个

题目	想对语言鸟说的话

真的吗？

- 它真的存在！
- 那之前有过吗？
- 想为什么我之前没有意识到呢？
- 其他人能意识到吗？
- 我到现在还觉得很不可思议。

选择一个向内语言

我的身体里也有语言！

然后呢？

- 好开心。
- 觉得很不可思议。
- 想告诉其他人。
- 大脑更清晰了。
- 各种时刻都会出现语言。
- 稍微觉得有点儿奇怪。

为什么？

然后，
这是真的吗？

流程哦！”

“我好像懂了，但是好难呀！”

我稍微写了几个词和句子就停笔了。然后，小鸟很温柔地跟我继续说道：

“就算你自己觉得这样的东西写出来也没用，但实际写写也是有好处的。往往越是认真的人越写不了太多呢。”

“嗯。写到这儿就已经觉得好难了。”

“一开始是很难的。但是，多练几次就习惯了。”

“习惯之前要多练习吧？”

“嗯！继续保持。用左边的‘真的吗？’向自己提问看看。”

“问自己：‘真的吗？’”

“是的。真的是这样吗？我真的是这么想的吗？像这样对自己提问。”

“对自己提问，我还没试过呢。”

“正因为你没做过，才有试试看的价值呀。”

我开始思考。向自己提问？向内语言本来就是自己想出来的内容，是要对自己想出来的内容进行提问吗？这样做真的有意义吗？

“你听说过‘本心’和‘客套’这两个词吗？”

“没听说过。”

题　目	想对语言鸟说的话

选择一个向内语言

我的身体里也有语言！

真的吗？

- 它真的存在！
- 那之前有过吗？
- 想为什么我之前没有意识到呢？
- 其他人能意识到吗？
- 我到现在还觉得很不可思议。

然后呢？

- 好开心。
- 觉得很不可思议。
- 想告诉其他人。
- 大脑更清晰了。
- 各种时刻都会出现语言。
- 稍微觉得有点儿奇怪。

为什么？

- 因为语言鸟让我意识到了。
- 我想跟它说"谢谢"。
- 在无意之中我使用了语言。
- 为什么我会遇到语言鸟呢？
- 语言鸟到底是谁？

为什么会变成这样？

“那我给你解释一下。人们的内在都存在‘本心’和‘客套’这两个方面。本心指的是我们真实的心情，客套指的并不是真实的想法，而是你觉得‘这么说比较好’的一种心情。”

“不真实的心情……”

“我们都有过这种情况吧。心里明明是这么想的，看着当时的情况最后却说出了不一样的答案。”

“没错，经常这样。”

“像你这么认真的人很容易为了照顾别人的情绪，一下子说出客套话。这样的话，你内心真实的想法就会被隐藏起来了。”

“确实是这样……”

我放在中心的这句话，是我的真实想法吗？我问自己，真的是这样的吗？然后，我开始填写左边框里的内容。

“嗯嗯，很好。T字形思考法不存在所谓的正确答案。你只要不断向自己提问，然后把向内语言写出来就可以了。”

“重复的内容也可以吗？”

“当然，不用在意这些。”

“好，我写好啦。”

“最后，最下面那一栏里的‘为什么’，也向自己提问看看。”

“我经常问自己‘这是为什么’，所以这一项应该很好写。”

“你写的时候不仅要思考中心的这个主题，还需要看看刚才写的左边和右边的内容，然后问问自己‘为什么’，最后再回答。”

“明白了，我试试看。”

我好久没有这样认真地思考问题啦。

向自己提问，再把大脑里产生的向内语言写出来。好像我大脑里平时不太用的部分也开始工作了起来，我一下子觉得大脑都滚烫了起来。

要是在以前的话，我可能会觉得很麻烦就放弃了。但是，现在虽然有点儿累，写起来也比较辛苦，却有一种通向我内心深处的愉悦感出现了。

“呼——”

在我觉得写完了的时候，语言鸟温柔地对我说道：

“你真的很努力哦。”

“嗯，谢谢。不过我写得不太好。”

“但这就是思考。”

“思考？”

“对，在这个过程中，你以自己内心产生的向内语言为中心，去问自己：‘然后，会发生什么？’‘这是真的吗？’‘为什么会这样呢？’”

“嗯嗯。”

“这样就可以拓宽我们的思维，帮我们深入思考了。这才算是真正的思考。”

语言鸟好像在我们见面的第一天就说过，“思考怎么‘思考’”。原来向内语言的内容才是思考的关键呀。

我到现在也没有完全理解语言鸟说的话，但在我面前这张T字形的表格上，罗列着目前为止我思考的所有内容。虽然以前爸爸妈妈和学校里的老师经常跟我说：“请好好思考一下。”但是，我一直不太明白什么叫作“思考”，也没有人教过我思考的方法是什么。

但是，今天语言鸟对我说“这就是思考”的时候，我好像有一种“啊，原来好好思考就是这样啊”的感觉。

4

组织“向内语言”
说出“向外语言”

“你现在已经把向内语言写出来，并且拓展和深入思考了。现在让我们把它们用起来。”

“怎么用呢？”

“很简单。现在试着把在T字形表格里写好的内容说出来。”

“就这样吗？”

“就这样。”

语言鸟充满自信地拍了拍翅膀。

“你好好想想。我们说过，向外语言与向内语言是相互关联的。在你面前已经有非常多的向内语言了，不是吗？”

我又仔细看了一下面前的T字形表格中写的内容。这是我非常努力、集中精力才写出来的内容，但我从来没想过要把它们说出来。

不过，若是把这些写下来的内容都用上，也确实能帮我把想表达的话都说出来。

“你在T字形表格里写的内容，会成为你向外语言输出的种子。”

“种子？”

种子是会生根发芽的东西，然后长出叶子，长成一棵树，还会开花结果。我正在想着，语言鸟就催促我说道：

“比起这么想，不如我们试着做做看吧。首先，双手拿着纸的两端，然后在你的正前方展开。”

“这样吗？”

“嗯，很好。那我们开始咯。”

“哎，开始什么？”

“把你的心情变成语言呀。”

“这么突然？”

“放心，没有问题的。用你在T字形表格里写的内容，先试着说30秒。”

“啊，我明白了。”

“但我们先定个规矩。我先向你提问，这次的问题是‘你想对语言鸟说的话是什么’。然后，你读一下中间部分写的内容，再继续说30秒。”

我稍微有点紧张，沉默地点了点头。

“好，我们开始吧。你想对语言鸟说的话是什么？开始！”

我先把写在表格中间部分的文字读了出来，然后为了能说上30秒，认真看着我写的文字。

然后会发生什么？这是真的吗？为什么这么想呢？

我一边看着T字形表格里写的文字，一边拼命地往下说。

然后怎么样了呢？我虽然偶尔会有停顿，但是意外地可以把话都说出来了。

以前，我的大脑里总是一团乱麻，常常说到一半就不知道要说什么了。但现在，看着纸上写的内容，我竟然能顺畅地说下去了。

语言鸟一脸欣慰地看着我。

还没到30秒吗？

它一定会在30秒的时候喊停吧？

我一边这么想着，一边继续往下说。

过了一会儿，我渐渐地把话说完了。说完以后，我立马问它：

“已经30秒了吗？”

“30秒？已经过了1分钟。”

“啊，超过1分钟了。我一个人说了1分钟吗？”

“不仅是说了1分钟，还把自己的心情都说了出来，而且非常清晰易懂。”

语言鸟从草坪上一下子飞了起来，落到了我的肩头上。

“这就是‘说出来了’。你明白了吗？”

“嗯，一开始很紧张，但我感觉到自己能慢慢地把话说出来了。”

“你现在已经可以很好地把话说出来了。这是因为我们先把向内语言写出来，然后用T字形思考法培养了语言表达。”

“准备好食材，也备好了菜。”

“对。最后就是把语言向外说出来。”

“这样料理就做好了。”

“你现在做得很好，进步得非常快哦！”

我现在非常明白以前不足的地方在哪里了——那就是在说话、写作之前的准备不充分。但是，现在不一样了。我有了向内语言，再通过T字形思考法拓宽、深入思考，就出现了更多的说话内容。这些都成为我说话的好帮手！

5
“向内语言”的“单词力”是重点

“怎么样，现在心情很好吧。”

语言鸟温柔地对我说。

“嗯，非常好。这种心情我还是第一次有呢。”

“那太好了。我们把三个步骤都顺利完成了。”

“谢谢你，语言鸟。”

但是，语言鸟摇了摇头。

“不，我什么都没做。是你自己把身体里内在语言的‘单词力’都拿出来了。”

“单词力？”

“没听过这个词吧？单词力就是你掌握不同类型的词汇的能力。”

“那这很重要吧？”

“是的，单词力是非常重要的。有一定的单词力肯定是好的，但是就算你知道很多字典里的词汇，也很难立马把它们顺畅地使用起来。”

“有可能是这样呢。”

“但是，现在你身体里向内语言的单词力已经得到提升了。更加重要的是，你现在已经学会运用自己身体里潜在的单词力了，而这种单词力是自然而然产生的。”

“潜在的单词力？”

“是的，从你自己内心发散出来的词句，在向外输出的时候会用得更流畅。不论是说话的时候，还是写什么的时候，都是这样。”

“嗯，因为原本就是我身体里的词句，对吧？”

“就算你身体里有这样的词句，但如果你不去写出来，不去拓展、深入的话，自己也很难意识到。”

“是呀，我也从来没想到，我身体里会有这么多词和句。”

“但是，你通过挑战自己，唤醒了藏在你身体里的语言。真是非常棒！”

我有点儿开心。一是因为受到了语言鸟的夸奖，二是因为我知道了我的身体里其实是有非常丰富的词汇的。

“今天已经很晚了，我们下周再接着练习吧。但在下周见面之前，你最好可以自己定三个不同的题目，按今天的三个步骤多多练习一下吧。”

“虽然不知道我一个人能不能做好，但我会试试看的。”

“你好好回想一下今天的内容，肯定能做到的。多练习的话，自己身体里发散出的词汇量也会增多的。好，那我们下周再见吧。”

“下周我们学什么呢？”

“你可以好好期待一下哦。那么，我先走啦。”

然后，语言鸟扇动翅膀，飞走了。

接下来的一周，我要想想看选什么题目呢？

语言鸟说过，任何题目都可以。

《想对妈妈说的话》

《想对朋友说的话》

《将来想做的职业》

《我想做的事情》

《现在烦恼的事情》

《觉得不安的事情》

《我喜欢的人》

想着想着，我不禁内心一阵激动。于是，我急急忙忙跑回了家。

1

说话需要三个步骤。

2

第一步是写出向内语言。
试着把它从大脑里提取出来。

3

第二步是以写出的一个向内语言为中心，用T字形表格进行拓展、深入思考。

4

第三步是使用在T字形表格中出现的话，试着说30秒，把向内语言转换成向外语言。

试试看T字形思考法吧!

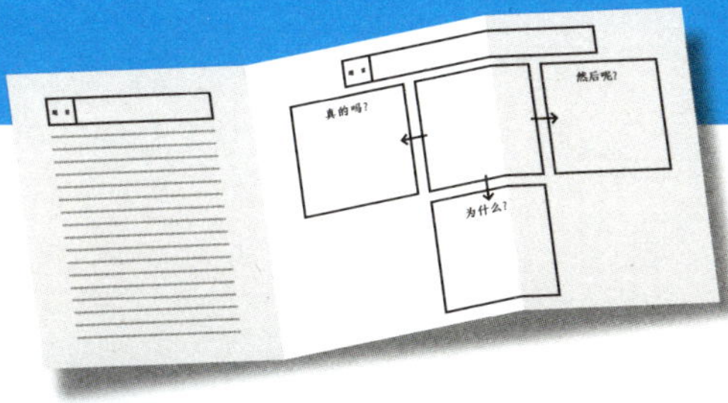

把本书最后一页的
T字形表格
多复印几份，再写写看!

1

题目	想对语言鸟说的话

我第一次知道了向内语言。

我吓了一跳！太不可思议了！

大脑开始变得清晰一点了。

2 我的身体里也有语言呢！

突然觉得好开心！

我不那么害怕说话了。

1 先定一个思考的主题。

2 定好❶的题目后，把当时头脑里浮现的向内语言都写出来。
然后把觉得“就是它！”的那句话挑出来。

3 把在❷中选中的句子，写在❸的表里。

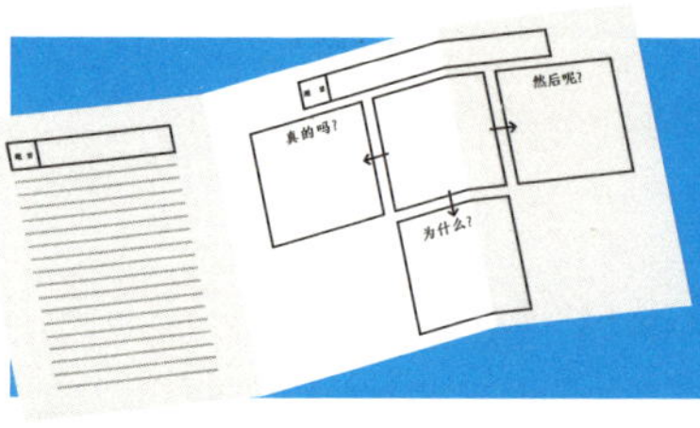

把本书最后一页的
T字形思考法表格
多复印几份，再写写看！

题目	想对语言鸟说的话

❺ 真的吗？

- 它真的存在！
- 那之前有过吗？
- 为什么我之前没有意识到呢？

❸ 我的身体里也有语言！

❹ 然后呢？

- 好开心。
- 觉得很不可思议。
- 想告诉其他人。

❻ 为什么？

- 因为语言鸟让我意识到了。
- 我想跟它说“谢谢”。

❼

❹ 针对❸里写出的向内语言，
问问自己：“然后呢？”
把这个时候产生的向内语言写出来。

❺ 针对❸里写出的向内语言，
问问自己：“真的吗？”
把这个时候产生的向内语言写出来。

❻ 针对❸里写出的向内语言，
问问自己：“为什么？”
把这个时候产生的向内语言写出来。

❼ 用T字形表格中写出的语言，
试着对外说出来。

例如:

题目	想对语言鸟说的话

我第一次知道了向内语言。

我吓了一跳！太不可思议了！

大脑开始变得清晰一点了。

我的身体里也有语言呢！

突然觉得好开心！

我不那么害怕说话了。

但我还不能说得很流畅。

刚刚也没说好，好气！

明明我有很多想说的话，

有可能太急了，就说不出来了。

嗯。

我想要能说得更流畅。

我想都说给语言鸟听。

题目	想对语言鸟说的话

我的身体里也有语言！

真的吗？

- 它真的存在！
- 那之前有过吗？
- 为什么我以前没有意识到呢？
- 其他人能意识到吗？
- 我到现在还觉得很不可思议。

然后呢？

- 好开心。
- 觉得很不可思议。
- 想告诉其他人。
- 大脑更清晰了。
- 各种时刻都会出现语言。
- 稍微觉得有点儿奇怪。

为什么？

- 因为语言鸟让我意识到了。
- 我想跟它说“谢谢”。
- 在无意之中我使用了语言。
- 为什么我会遇到语言鸟呢？
- 语言鸟到底是谁？

例文

在我的身体里也有语言哦！谢谢你让我意识到了这一点。我好开心，到现在也觉得这不可思议。原来大脑清晰的感觉这么好。为什么之前我自己没有意识到呢？要是我朋友也有这样的困扰，我也想把这个方法告诉他。要是没有语言鸟，我可能永远都无法意识到这一点。真的非常谢谢你！

例如：

题目	想对妈妈说的话

一直以来都很感谢你！

我好爱妈妈！

但你生起气来我也会害怕。

想跟妈妈好好相处。

想跟你一起玩。

我想给妈妈帮忙。

希望你多笑笑。

我们抱一下吧！

想跟妈妈一起睡。

希望你不要生气。

希望你多夸夸我。

想跟你牵手。

有好多话想跟你说。

题目	想对妈妈说的话

我想给妈妈帮忙。

真的吗？
- 有点儿唠叨。
- 想玩。
- 想慢慢来。
- 但是真的！
- 非常高兴。
- 希望你多夸夸我。

然后呢？
- 希望你多夸夸我。
- 让你不开心了，对不起。
- 我想变得更厉害。
- 想多要一点零花钱。
- 希望你轻松一点儿。

为什么？
- 因为我想帮你。
- 希望你多夸夸我。
- 想帮你的忙。
- 想在你身边。
- 想让你看到我。
- 想让你拍拍我的头。

例文

其实，我一直都很想给妈妈帮忙。但想要你夸夸我、多给我一点零花钱也是真的。希望能帮到你。想要在你身边，被你看见。希望你拍拍我的头，再抱抱我。也可能是因为这样才会想要帮你吧。但我也可能会做不好。

例如：

题目	将来想成为的人

足球选手。

网络博主。

学校老师。

想做愉快的工作。

嗯。 想做对别人有用的人。

没怎么仔细想过这个问题。

我有想成为的人吗？

像妈妈那样的人。

总是在笑的人。

跟爸爸做同样的工作。

工作到底是什么？

我不太明白。

题目	将来想成为的人

没怎么仔细想过这个问题。

真的吗？

- 有的工作我觉得很酷。
- 足球运动员或者警察。
- 大家都有想成为的人吗？
- “选这个”也可能是还没找到真的喜欢的。

然后呢？

- 我想找到自己喜欢的工作。
- 各种工作都尝试一下。
- 但怎么才能找到喜欢的工作呢？我想问问妈妈。
- 要是能找到喜欢的工作就好了。

为什么？

- 但这还早呢。
- 我现在还不着急。
- 但我想成为对别人有帮助的人。
- 我还不太知道有些什么工作呢！
- 我以前想过要思考这个问题。

例文

我还没怎么想过未来要做什么工作，也不太明白。我想做自己喜欢的工作。虽然我现在觉得好多工作都好酷，但我还是想各种事情都先尝试一下，找到自己真正喜欢的。然后，再问问别人到底有些什么工作可以做，也想多了解一下对别人有帮助的工作有哪些。

别让向内语言消失！

T字形思考法表格绝不能丢！

第三章
深思出来的语言是你强大的朋友

1

制造与自己相处的时间

跟语言鸟分开已经一周了。我按照跟它的约定，定了几个题目，试着写了向内语言。然后用T字形思考法进行拓展、深入，一边读纸上写的内容，一边试着把自己的心情都说出来。

跟完全没有准备相比，现在我再也不会大脑一片空白，不知道该说什么了。我还注意到，现在我也几乎没有出现过说话卡壳的情况了。

但是，不知道为什么，我还是会想："这样就够了吗？"虽然现在能说很多话了，但我总觉得不够好，有种说的话太肤浅的感觉。

带着这样的心情，我到了和语言鸟约定的地点。

它好像还没来。

我抬头望了望树枝和天空，也都没发现它的身影。

对了，我可以在它来之前，把这一周写出来的东西再看一遍。

我这样想着，就把书包里的纸都拿了出来。

我看着我写出来的向内语言，然后问自己："然后呢？""真的吗？""为什么？"再把新出现的向内语言补充进去。

我看着这些话，“呼——”地深呼吸了一下。

“哇，做得很不错嘛。”

“啊，你吓到我了。”

我回头一看，发现语言鸟像是故意藏在树叶背后一样站在树枝上，然后又飞到了长椅上。

“不好意思，吓到你了。我想知道你在等我的时候会做些什么，所以就故意躲了起来。”

“哼，我不喜欢你这样恶作剧。”

“你刚刚在看这一周写的东西，是为什么呢？”

“你看不出来吗？我是为了一会儿跟你好好说话呀——把这一周的题目和做的事情都告诉你。”

“那你这是在找时间复习，是吗？”

“也不是找时间，就是刚好有空。”

“你做得很好！”

我不太明白语言鸟的这个夸奖是什么意思，到底是在夸我什么。我只是把想法说出来而已。

“首先，我想要说的是，在纸上写出来的这些话是好是坏，其实都不太重要。”

“但它们会成为向外表达的语言呀。难道还不重要？”

我又开始变得有点儿急躁了。

这并不是针对语言鸟，而是对自己——对于只写了这么点东西的自己生气。

“我并不是说这么做不重要。有好的内容当然好，但是还有更重要的事。”

“更重要的事？”

“对，那就是制造与自己相处的时间。”

“与自己相处的时间？”

“你这一周内想了很多题目，也写了很多向内语言。就在刚才，你还重新回顾了一下你写的向内语言。这样制造与自己相处的时间是非常重要的。”

“那是因为这是我们的约定呀。”

我立马嘟囔着回答道。

“就算约定了，也有做不到的事情。像是做作业，或者跟朋友约好出去玩之

类的，也不一定能按约定做好。就算是跟家人一起逛街买东西的时候，也会有困了、不想去了的时候，对吧？”

“嗯……也是。”

“但是，你为自己制造了时间和自己相处。这就是最重要的事。”

“你一直在说的这个——与自己相处，到底是什么意思？”

“好，那我现在开始好好解释一下。与自己相处的意思就是去了解自己。”

语言鸟又开始说一些我听不懂的话了。

了解自己？

我自己的事，难道不是自己最了解吗？难道还有别人比我更了解我自己吗？

“不，不是这个意思。你自己呀，其实才是最不了解自己的人。”

“怎么可能，只有我才最了解吧？”

“好，那我问你，你为什么没办法好好表达自己的心情呢？”

“嗯……这个嘛……”

我想起了语言鸟跟我说过的话。

在我们的语言中，有向内语言和向外语言。这两种语言在我的身体里相互关联。向内语言指的是我们自行思考、感受的时候，大脑里出现的词语或句子……

这样看来，我之前确实不了解自己在想什么。

我把向内语言写出来，并且进行拓展思考的目的，就是为了了解自己真正的想法是什么。

现在来看，我会觉得这是理所应当就能说出来的话，但当时说出来的时候会很惊讶："原来我的身体里有这样的想法。"

"对，为了了解自己而与自己相处，寻找并空出这样的时间是非常重要的。

在持续制造这样的时间的过程中，我们会变得越来越懂得如何表达自己的心情。这是表达自己的小妙招哦。"

2

能跟一个人表达，就能跟所有人表达

“语言鸟，我可以问你一个问题吗？”

“当然。”

我把我这一路上思考的问题全告诉了它。

“要是做好充分准备，我确实可以很流畅地把话说出来。但是，把向内语言直接向外说出来的时候，说也能说一些，却总觉得哪里不太对劲。”

“嗯。”

“总觉得少了点什么。”

“原来如此，这确实是一个好问题。”

“什么意思？”

“你还是能说点儿什么的，对吗？”

“嗯，可以。”

“你是想问，在这个基础之上怎样才能做得更好，是吗？”

“你这么说，好像是这样……”

“那我再告诉你一点。语言呢，又有‘传达出去’和‘传达到’这两种输出方式。"

"'传达出去'和'传达到'？"

"嗯。传达出去，就是指用说话或者写文字的方式告诉对方。"

"嗯。"

"但是，我们传达出去的信息，对方不一定完全能懂。那么这个时候更重要的就应该是'传达到'。"

"对方是否能懂……"

我想起来了。

之前好多次都是这样。我说了好多话，却被人告知"我不明白你在说什么"。不仅是朋友，有时候爸爸妈妈、学校的老师也会这样给我反馈。我记得当时自己真的好难过，差点快哭出来了。

"我很理解你这么难过的心情。这就是明明传达出去了，却没有传达到的感觉。但是，我希望你放心，只要我们好好整理一下思路，就不会再被人说'我不知道你在说什么'了。"

想起当时的情景，我又有点儿想哭了。为了不被语言鸟察觉到，我一边点头，一边把头转到另一侧。

"你的疑问就是这件事情吧，怎么做才能更好地把自己的意思传达到，对吧？"

"嗯。"

“有一个特别简单的方法，我们试试看吧。在我们用两只手拿着T字形思考法表格说话之前，试着加一句‘我有一件事想对你说’。”

“就这样吗？”

“你试一下就知道了。把‘你’这个字换成对方的名字就行。”

我试了一下。把放在最上面一页的“想对妈妈说的话”这张纸拿在手里，小声地说了起来。

“我有一件事想对妈妈说。虽然我常常做不好，但我其实一直很想帮妈妈的忙。这样的话，妈妈就会比较开心，我也一定能让你轻松一点。其实本来我是想自己躺着或者玩玩游戏，但是最想的还是给妈妈帮忙。当然也是希望妈妈能夸夸我。实际上也许这样就能更多地待在妈妈身边。”

停了2秒以后，语言鸟张开小翅膀为我鼓起了掌。

我也吓到了。这跟我平时在家练习的时候完全不一样。

“你要是这么对妈妈说，她一定很开心。而且，不仅可以把心情传达出去，还能传达到妈妈那里。”

“嗯，我也这么觉得。”

“对于语言来讲，很重要的一点，就是能够想象到对方真实地在你面前。”

“想象对方就在我面前……”

“这样你会觉得有个说话对象在，就会想要努力把你的想法传达出去。”

“想传达出去的其实是我们的一种心情吧？”

“是的。这种想要传达的心情会给你写在纸上的语言添加温度的。”

有温度的语言……

我在家里练习的时候，满脑子想的都是怎么把语言组织起来，再说出去，几乎没有考虑过“想传达出去”的这种心情。

但是，刚刚不一样。

我只是多加了一句“我有一件事想对妈妈说”，然后妈妈就好像出现在我眼前一样，我的话也很流畅地说出来了。就像语言鸟说的一样，我也觉得我能够说一些有温度的话了。

“就算是在很多人面前说话也是一样。只需要面对一个人，想着你要传达的心情，就能说好了。”

“我才没有那种机会呢。”

“现在可能还没机会。但是，我希望你能记住，就算是在很多人面前说话的时候，也要像你刚才练习跟妈妈说话的时候一样，为了某一个特定的人而说。”

“但是，其他人要是听不明白不也没有意义吗？”

“没关系，能传达给一个人，就能传达给所有人。”

“原来是这样呀。”

“是的哦。为了某个特定的人而说，发自内心地想要传达出去。这种心情会帮助你产生只属于你一个人的语言。”

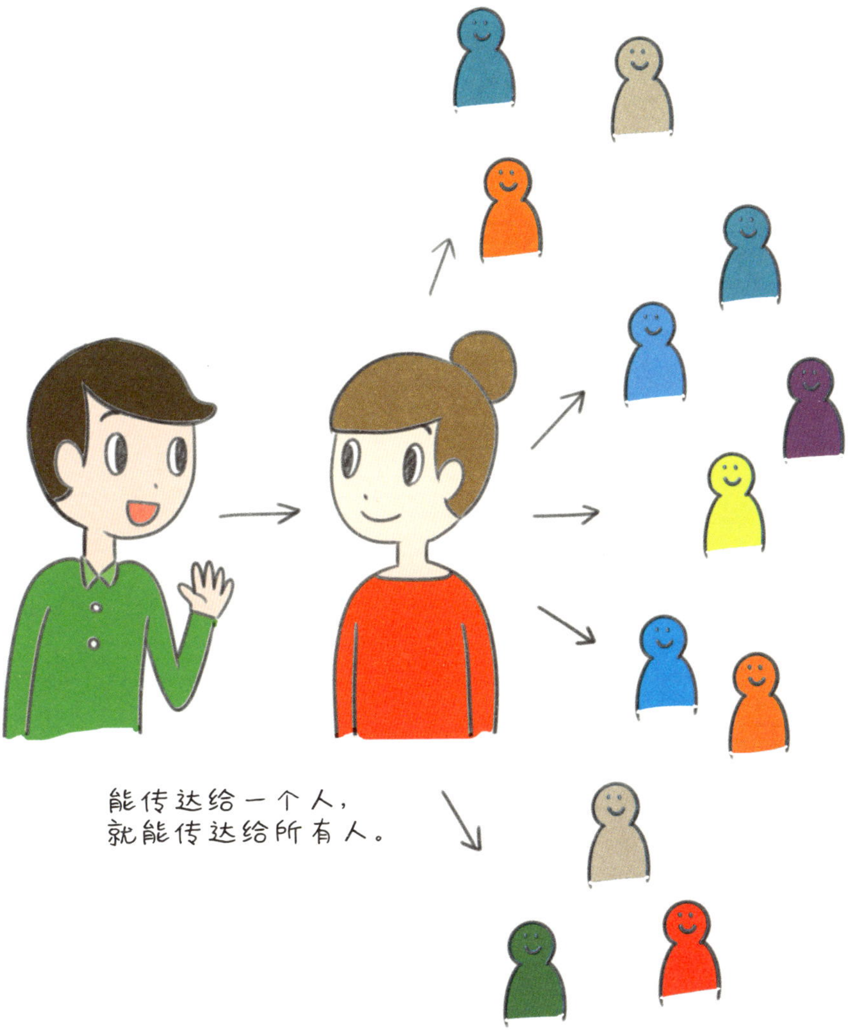

3

清晰表达之前，请先面对“向内语言”

语言鸟继续说道：

“另外，还有一件很重要的事。”

“还有？”

“真的是最后一件了，你听我说，就是在你结束一段话的时候，千万不可以含糊其词。”

“含糊其词……是什么意思？”

“比如即将结束一段谈话时，说‘好像是这样的吧’‘反正我大概是这么想的’之类的句子。”

“我好像经常这样。”

“那你知道为什么会这样吗？”

我试着回想了一下自己说过的话。

跟朋友或父母说话的时候，我会这样；被老师叫到回答问题的时候，我也会这样。我总是在一段话结尾的地方没办法说得直截了当。

这个理由我也想了一下。可能是因为我头脑里迷迷糊糊，话说到一半不知道该说什么了，所以我才会在结尾的时候说一些不确定的言辞吧。

"你是对自己说出来的话没自信吗？"

我听了语言鸟的话后恍然大悟。

原来，我是因为不清楚自己到底在想什么，才会对自己说出来的话、表达的意见完全没有信心。对！对！就是这样！我认真地盯着语言鸟的眼睛，用力地点了点头。

"对自己的意见充满自信是一件特别难的事情。所以，这也是特别重要的事。但你已经知道该怎么办了，对吗？"

"在我拥有自信之前，努力和自己的向内语言相处。"

我没有任何迟疑，立马回答了出来。

"对，这样自然而然就会培养出自信了。"

我的脑子里陆陆续续地出现了好多事。

与自己的向内语言相处，并且写出来，用T字形表格进行拓展、深入思考。这样的话，我就能够有更好的思考能力。再用更多的时间来练习，用不同的题目进行练习。这样，我一定能对自己充满信心。

"没错！"

语言鸟一下子飞到空中，在我的头顶盘旋。它一边挥动着翅膀，一边说道：

"你现在对自己已经很有自信了。其实，你的向内语言并没有含糊其词，而是非常直截了当的。”

“那是因为你教了我很多啊。”

“没有。自信并不是从别人那里得到的，而是自己给自己的。”

“你给了我很多肯定，这也帮我建立了自信。”

“也可能有这个原因，但我夸奖你，主要也是因为你自己做得很棒！”

与语言鸟相识以后，我觉得我好像变了。

我开始明白自己在想什么了。一开始我会觉得比较安心，觉得没有那么不安了。但其实也许是因为在这个过程中，我对自己的想法更有自信了。

“把你刚刚想到的话说得更果断一点。”

“果断？”

“不要用‘我觉得’‘也许’这样的话，果断地表达就好！”

“嗯。”

我深深地吸了一口气。

“与语言鸟相识以后，我变得更知道自己在想什么了。一开始我会觉得比较安心，觉得没有那么不安了。但其实是因为在这个过程中，我对自己的想法更有自信了。”

太棒了！这样说出来的感觉真是太棒了！我心里、头脑里感受到了前所未有的清晰。

是的，虽然只是这么一小会儿，我变得更有自信了。

这种感觉还是第一次有呢，我真的好开心。我眼泪都快流出来了，抑制不住心里的激动想奔跑起来。

“有意识地制造向内语言，进行深入思考，然后自信、果断地说出来。”

“嗯。”

“当你想果断发言，又担心自己是不是说过头了的时候，可以在自信地说出来之前，再重新思考一下，重新拓展、深入地想几遍。”

4

语言是引导自己的旗帜

“短短两周，你已经完全理解了语言有多重要了吧？”

“嗯，语言分为向内语言和向外语言。”

“把它们写出来，用T字形思考法进行拓展、深入地思考，最后说出来。”

“还需要想象对方就站在面前的样子。”

“对，充满自信地说出来。”

“嗯。”

“我再跟你说一下流畅的表达能力对你的未来有多重要吧。然后我的使命就结束了。”

“你的使命？”

“对呀，就是我出现在你面前的理由。所以，你得好好听哦。”

我陷入了沉思。这次语言鸟说完以后，我可能再也见不到它了。

好难过。但我一定会好好听的。

这两种心情在我的心里打转。

“第一点就是，你努力思考出来的语言会成为引导你人生的旗帜。”

“旗帜？”

“对，就像印记一样的东西。第二点就是，你周围逐渐会出现赞同你观点的伙伴。”

“伙伴？”

“不是朋友，而是伙伴。”

不是朋友，而是伙伴？

我想起了学校里的朋友们。有关系很好的朋友，也有不怎么合拍、很难相处的同学。在他们里面有我的伙伴吗？或者，在他们心中会有人把我当作伙伴吗？

“我先从第一点开始说。”

“旗帜的那个？”

“是的，你努力思考出来的语言，会成为引导你人生的旗帜这一点。那么，我再来问你一个问题。”

“好。”

“将来，你想做什么？”

将来想做什么？

我有时候会想成为运动员。

去医院的时候，也想过要成为医生。

对了，我还很崇拜保护我们的警察叔叔。

但是，这些都没有什么理由，可能是我随便想想的。

“一开始没什么理由也没关系。”

“还早呢，我没怎么仔细想过。”

“其实大家也都是这样的。但是，今天的你是在一步一步地向着未来迈进的，不管是明天，还是后天，都是你的未来。”

“向着未来迈进？”

“是的。”

“但是未来是肯定会到来的。晚上睡一觉，一睁眼就是明天了。”

“确实，随着时间的推移，未来自然就到来了。但是，你是怎么一步步向前迈进的，这会决定你未来的样子。”

“未来是我可以自己选择的吗？”

“是的，未来是由你自己决定，然后向前发展的。这个时候，你努力思考出来的语言，会成为你非常重要的力量。”

“这个跟语言有什么关系呢？你可以再说清楚一点吗？”

“当你写出了非常多向内语言的时候，你头脑里思考的事情会逐渐呈现出清晰的轮廓。只要你定期找时间去思考，去换不同的题目，再用T字形表格进行思考的话，一定可以的。”

“嗯，我现在就是这样。”

"这样就能帮你不断地接近你的内心。"

"我的内心？"

"对。就是你心里最深最深的地方，也就是你产生各种心情、想法的地方。"

我闭上眼睛想象了一下，寻觅我心里的最深处，我的心情产生的源头。

但是，就算是进入了内心深处，也有像笼罩着一层雾一样，模模糊糊看不清的地方。但要是能穿过这层迷雾往前走的话，好像也能走到最深处。

"那种模糊的地带其实也是你自己的心情吧。你有自己都不太了解的心情。"

是的，把这团迷雾转换成向内语言，再向外输出就好了，这样就能看清最深处的样子了。

"这短短的两周时间，这团迷雾也稍微变淡了一些吧？"

我试图用手去抓住这团迷雾。突然，我的眼前一下子清晰了，但下一瞬间，这团迷雾又重新出现了。

"现在还看不清，这也没关系。但总有一天，你一定能看清自己内心最深处的样子。你就会知道自己真正想做的事情是什么了。"

"那一天快点到来就好了。"

“不用为此感到担心或者焦虑。最重要的是，当你看清你内心深处的样子，知道自己真正的想法的时候，怎么把它们变成语言说出来。这些都是与你美好的未来紧密相关的语言。”

“我的语言会成为指引我未来的旗帜，对吧？”

“这样的话，未来一定会向着你期待的样子转变的。”

远处有一面旗帜正在飘扬。那就是我期待的未来。

这条路上有蜿蜒曲折的山路，也有难走的陡坡。不管是多么困难的路，就算是走累了，在半途歇着了，只要我不迷失旗帜的方向，就能向着旗帜的方向前进。

只要是我真的想朝那个未来前进的话，我一定可以做到。

5

那么，大声地说“举起你的手指”

“但是，你可能没办法只靠自己一个人向前迈进。”

正如语言鸟说的一样。我可以远远地遥望到旗帜，但只靠我一个人的力量是很难到达目的地的，也有可能半途而废。

“所以，伙伴就非常重要了。”

“伙伴……”

“对，当你烦恼的时候可以真心给你建议、全力给你帮助的伙伴。当然，当对方遇到困难的时候，你也要帮助他。”

当面前出现两条岔路的时候，跟伙伴商量之后再向前走。

当我觉得疲惫的时候，伙伴会握着我的手一同前进。

要是真的有这样的伙伴，我心里也会觉得充满力量。

但我转念一想，现在的我还没有伙伴。或者说，也许连算得上是真正的好朋友的人都没有。

“对吧……”

语言鸟温柔地点了点头。

“当你能够走进自己的内心深处，把你真正的心情和想法说出来的时候，你的伙伴一定会出现的。所以，不用那么担心。”

“我也能有那样的伙伴吗？”

“当然可以。但你要知道，不管你多么需要伙伴，他们都不是需要去寻找的，而是到时候自然会出现的。”

“好难呀！”

“最重要的是，找到你真正想要的，并且把它们说出来。”

“嗯。”

“对，大声地说出来。”

“大声地？”

“只要你能走到自己内心深处，就能够自信地说出来，是吧？”

“这样啊，自信地大声喊出来。”

“这么做能让想要支持你的人听到，并来到你身边。”

我想象了一下自己大声喊出来的样子，以前所未有的音量喊出来的样子。虽然我听不见自己在喊什么，但感觉是把我心灵深处想说的话用尽全力喊出来了。

然后，我看见远处有一个人缓缓地走过来。

但是，只有一个人。

“真正的伙伴只要有一个就够了。”

他速度很慢，但朝着我的方向慢慢走来。

“把食指举起来，手抬高试着说说看：‘跟我一起制造未来的人，到这里来吧！’”

我看着自己的手掌。

我的手掌很小，看上去没那么有力量。

但是我鼓起勇气，握紧拳头，把右手的食指举了起来，然后，慢慢地把手抬高。

“跟我一起制造未来的人，到这里来吧！”

他好像走得快了一点儿，然后跑了起来。

接着，他气喘吁吁地跑过来紧握着我的手指，说道：“我跟你一样，也想要制造美好的未来。让我们成为伙伴吧。”

是伙伴……不是朋友，也不是好友。

虽然是第一次见面，他对我的一切都不了解，但我们成了伙伴。

“虽然他不怎么认识你，但只要他能够从你的话中了解你的真实内心，就可以成为你的伙伴。你们很快就会变得很熟悉的。”

“嗯，语言鸟，我好开心。”

我闭上眼睛，不由自主地说道：

“语言，其实也不只是语言吧？”

“是的，语言不只是语言。语言是一种心情。”

“所以我需要了解自己的心情，去培养自己的心情。”

“嗯，要有意识地培养向内语言。”

我一下子睁开双眼，盯着语言鸟。

“现在，我已经没有什么可以教你的了。”

我的心脏就像刚跑完长跑一样，咚咚咚地狂跳了起来。

语言鸟要走了。我们再也见不到面了。

“别这么担心，我会一直在你身边的。”

“但我们再也见不到面了呀。”

我不敢再往下说了，眼泪也快流出来了。

“不会的。因为我其实是住在你的身体里的。”

“啊，我的身体里？”

“可以这么说。之前我一直住在你的身体里，今后也会一样。”

“什么意思呀？”

“在你的身体里有语言。我太想让你意识到这一点，所以就出现了。虽然你不这么认为，但今天跟你说完这些话以后，我还是会回到你身体里的鸟巢去。”

“原来你一直跟我在一起呀……”

在我的身体里，语言鸟一直都在。

它是为了告诉我，在我的身体里有语言这件事情才出现的。

想到这里，我心里突然涌现了好多话想跟语言鸟说。

“喂，语言鸟。”

“什么？”

然后，我深深地吸了一口气，说道：

“我会让你在我身体里逐渐成长起来的。这样的话，你就可以在广阔的天空中自由飞翔了。我会努力的！”

然后，语言鸟很开心地回答道：

“谢谢，没有你的努力，我是没办法长大的。我需要你的力量。我们，也是伙伴。”

“嗯，我们也是伙伴！”

“还有……”

“嗯？什么？”

“我要是太胖就飞不起来了，你别让我长太胖呀。”

我大声地笑了起来。语言鸟也大声笑了起来。

然后，不知不觉中，语言鸟的笑声开始在我的身体里回荡起来。

再也见不到语言鸟，这也没关系，我也不用不安，因为语言鸟一直在我的身体里陪着我。

我在跟语言鸟聊天的长椅上坐了很久很久。

要是我遇到什么困难的话，我会再来这里坐坐的，然后闭上眼睛，跟我身体里的语言鸟说说话。这样就能把这两周语言鸟教我的事都想起来了。

“嗯，随时都可以来找我哦。”

在我的身体里，响起了语言鸟温柔的声音。

后记

感谢大家读完这本书。

对于那些“不知从何说起的话”，大家一定有了一些新的看法吧。

语言不只是语言，更重要的是你的心情。语言是为了传达这种心情而存在的，所以在我们说话或者写字之前，有意识地了解自己的向内语言，并与自己相处，这才是最重要的。这样，你向外说出去的话也一定能传达给更多的人，让更多的人可以理解你的心情和想法。

最后，在这里，我想跟各位伙伴说一些关于我写书创作的故事。

大家好，我叫梅田悟司。平时在广告公司做广告撰稿人的工作，也就是从事把语言写出来的工作。

当有新产品问世的时候，我经常会想，用什么样的语言可以更好地跟大众宣传呢？为了让更多人知道某个商品，需要用什么样的语言呢？

思考这些问题就是我的工作。或许你们之中也有人看见过我在电视广告或者宣传海报上写的文字。

因此，我每时每刻都在思考关于语言的问题。

然后，我突然就想到了。

我平时在工作中使用的“把头脑里想的东西用语言表达出来的方法”，是不是会对很多人也有用呢?

所以，我在2016年8月写了一本叫作《“会说话”能成为你的武器》的书。写一本书真的是一件很难的事。当家人睡觉以后或者起床之前，我都一直不停地在写稿，一边组织我的向内语言，一边编撰着向外语言。

从开始写到最后成书，一共花了6个多月的时间。每一个字我都尽量希望可以让每个人读懂。

书上架的那天我走进了书店，看着自己努力写出来的书摆在书架上。那一天的情形，我直到现在都记得。不久后，我也逐渐收到了读者们的反馈。

“终于知道把自己的心情转换成语言的方法了，真好！”

我听到了很多这样让人欣喜的声音。同时，这也让我陷入了思考。

“把头脑里思考的内容转换成语言的方法”这个最重要的部分，要是能写得更详细一点，就能够为这个世界上更多的人，特别是为小朋友们提供帮助吧。

想着想着，我开始坐立不安，并把这个想法告诉了我的家人和伙伴。于是，他们很多人都说：“这是很有意义的事呀！”“让我来帮你实现吧！”

果然，把想法说出来真的很重要。就算是很难做到的事，也能得到朋友的帮助和支持。你们现在手上拿着的这本书，也是我和我的伙伴们思考的结晶。

我真心希望大家能够在读完这本书后，再尝试去操作练习一下，就能解决那些“总是没办法把想说的说出来”“明明想了很多,但一开口就大脑一片空白”的困扰。

希望大家能够解决烦恼，清晰地把自己的心情和想法传达出去。希望大家能够把所有的想法都转换成语言说出来。要是能够帮到你们，我会从心底感到高兴。那么，我写的这本书就有了意义。

梅田悟司